Lib 51 640 A

AF253686

ESSAI

SUR

QUELQUES MONUMENS NATIONAUX

ET

D'UTILITÉ PUBLIQUE.

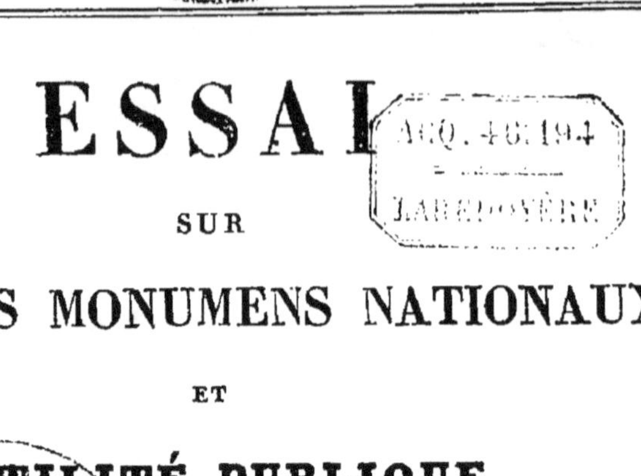
ACQ. 46.194

LAROUVÈRE

> Je m'adresse aux hommes qui aiment la gloire de leur patrie, et qui, dans les monumens publics faits pour en consacrer le souvenir, voient autre chose qu'un amas symétrique de pierres ou de métaux.

PRÉSENTÉ AU ROI

PAR A. S. M. BONNEVILLE.

Paris,

IMPRIMERIE DE GAULTIER-LAGUIONIE,

RUE DE GRENELLE SAINT-HONORÉ, N. 55.

1830.

ESSAI

SUR

QUELQUES MONUMENS NATIONAUX

ET

D'UTILITÉ PUBLIQUE.

> Je m'adresse aux hommes qui aiment la gloire
> de leur patrie, et qui, dans les monumens
> publics faits pour en consacrer le souvenir,
> voient aütre chose qu'un amas symétrique
> de pierres ou de métaux.

PRÉSENTÉ AU ROI

PAR A. S. M. BONNEVILLE.

PROSPECTUS.

Les arts, détournés de leur véritable but, ont
servi trop souvent à flatter la vanité, les passions,
la fausse gloire de prétendus grands hommes, à
soutenir d'absurdes prétentions de célébrité, ou

rappeler les douleurs plutôt feintes que vraies de quelques familles privilégiées; faut-il démontrer que depuis quinze ans ils n'ont servi qu'à l'exhumation des êtres dont on voudrait oublier l'existence? que les travaux demandés aux artistes les plus distingués ne devaient reproduire que des images des noms ou des faits capables d'attrister la patrie par des souvenirs pénibles et souvent injurieux? Peu de jours encore d'asservissement, et Paris aurait vu surgir sur un brillant piédestal les traits d'un roi fainéant flétri par la mollesse et la débauche, sans doute pour rappeler à la France que la vie entière de ce prince ne fut employée qu'à dissiper outrageusement les trésors de l'État. La peinture décorait les voûtes de Sainte-Geneviève, l'architecture relevait la Sorbonne et la Madeleine, tandis que l'arc triomphal de la barrière de l'Étoile demeurait abandonné! Cet état de choses convient-il à notre situation actuelle. Rendus comme nous à la liberté, les arts doivent partager l'élan de notre glorieuse révolution, il faut qu'ils ne descendent plus à la flatterie, il faut qu'un grand peuple ait aussi part à leurs inspirations; tel est aujourd'hui le vœu de la France, tel est le vœu du monarque-citoyen qui marche à la tête de notre régénération politique.

Jaloux de mériter aussi de la patrie en prenant part à ce noble mouvement, il nous a suffi de présenter *au Roi* des idées et des plans qui se rattachassent à la gloire des Français pour en être bien accueilli; c'est sous les auspices *du Roi* que nous présentons l'ouvrage dont suivent les divisions principales :

PREMIÈRE PARTIE.

OBÉLISQUE NATIONAL

A ÉLEVER

PLACE DE LA BASTILLE.

MONUMENT COMMÉMORATIF

DE LA CONQUÊTE DE LA LIBERTÉ

PAR LES CITOYENS DE PARIS

DANS LES JOURNÉES

DU 14 JUILLET 1789.

PREMIÈRE ÉPOQUE DE LA RÉVOLUTION FRANÇAISE

ET

DES 27-28-29 JUILLET 1830.

DEUXIÈME ÉPOQUE DE LA DÉFENSE DES LIBERTÉS PUBLIQUES.

Reproduire sous les yeux de la nation française les faits mémorables de 89 et de 1830, en tracer un seul tableau avec les actes de l'autorité législative pendant les premiers jours d'août dernier, nous semble ne point s'écarter des compositions régulières et monumentales ; aussi n'avons-nous pu douter de l'intérêt que présenterait l'analogie rapprochée , d'événemens qui firent briller de tant d'éclat le courage des citoyens, changèrent les lois de l'état, renversèrent une dynastie pour en placer une autre sur le trône et rétablirent le culte de la liberté.

Quel digne sujet de méditation pour le philosophe et l'historien ! quelles puissantes émotions pour l'artiste dont le ciseau devra graver sur le marbre et le bronze l'héroïsme de la population parisienne ! Ces hommes auxquels manquaient les choses les plus nécessaires à la vie, ces braves sans vêtemens et sans pain ont-ils montré qu'ils ne voulaient que le désordre et l'anarchie comme le prétendaient leurs odieux détracteurs ! honneur immortel à leur généreux courage! à leur magnanime désintéressement ! ils se sont dévoués à la patrie, que la patrie soit grande et noble dans sa reconnaissance !

Napoléon , atteignant aux dernières sommités de la puissance, disposant à son gré des destins de tous les états de l'Europe, ne connaissant de volonté que la sienne, maîtrisant les chances de la guerre et de la politique, Napoléon entouré de sa gloire n'oubliait point qu'il en était aussi redevable à ses armées , et pour produire ces grands effets d'enthousiasme et d'admiration dont il avait besoin, jamais le bienfait ou la récompense ne se faisaient attendre. C'est ainsi qu'après une victoire il s'assurait d'autres victoires, et plaçait la France au plus haut dégré de splendeur. C'est par les monumens publics érigés en l'honneur de ses soldats qu'il enflammait leur patriotisme et leur faisait soumettre le monde; que cet exemple ne soit pas méconnu et que chaque vertu reçoive le prix qu'elle a mérité.

Ce que dictait au conquérant, peut être la seule politique, le nouveau roi des Français l'exécutera par civisme, par probité. Marquant par un acte éclatant de justice les premiers temps de son règne, Louis Philippe est le plus ardent de ceux qui désirent qu'un monument national s'élève à la consécration du dévouement parisien pendant les mémorables journées de juillet 1789 et juillet 1830. Puissent tous les membres de l'assemblée représentative bien comprendre ce vœu du monarque et de la France entière, afin qu'une digne spécialité, s'élançant dans l'avenir lui transmette sans mélange les sublimes actions qu'enfanta l'amour de la liberté.

Le projet de consigner sur l'arc de triomphe de la barrière de l'Étoile, les hauts faits de notre dernière révolution est plus qu'inadmissible. Supposerait-on que la patrie pût se refuser à l'érection d'un monument sur les cendres de ceux qui viennent de mourir pour la défense de ses droits? quand il s'agit d'acquitter une dette aussi sacrée calculerait-on parcimonieusement les dépenses, et faut-il que les blessés dont les plaies sont encore sanglantes se traînent devant les ingrats, découvrent leurs mutilations pour faire comparaison de sacrifices! non, non, la France ne sera pas mesquine dans sa reconnaissance! Soyez ses fidèles interprètes, vous qu'elle charge d'exprimer ses vœux. *Rendez à César ce qui appartient à César,* chargez l'arc triomphal des trophées conquis par les braves de la grande armée, et ne refusez pas aux braves de notre époque, aux martyrs de la liberté, la récompense entière de leur admirable dévouement!

Est-ce donc ainsi, d'ailleurs, qu'on doit traiter des édifices nationaux? L'art était-il compris de cette manière par les Winkelmann, Caylus, Clérisseau, les Perrault, Percier, les Fontaine? N'est - ce pas une violation barbare que de replâtrer comme un sujet de mascarade ces témoins historiques de nos conquêtes ou de notre puissance? Nos soldats et nos citoyens n'ont-ils pas acquis assez de gloire pour obtenir séparément les honneurs d'un monument commémoratif ? Soyez donc plus généreux, plus justes ! Que le prix, s'il se peut, soit des deux côtés aussi grand, aussi noble que les faits qui le reclament ! Ne marchandez pas avec l'héroïsme ; l'indignation l'arrêterait peut-être dans ce qu'il peut faire encore pour vous.

Les monumens dont l'assemblée des députés de la France a voulu disposer, ne doivent plus changer de destination. Leur nom est célèbre dans le monde ; ils appartiennent à l'histoire. Comme d'une pierre tumulaire qui couvre une cendre révérée, nous ne pouvons en changer l'inscription sans commettre un sacrilége. Est-ce trop d'un seul édifice à l'entrée de la Capitale, pour nous rappeler le retour de cinq cent mille soldats victorieux commandés par le plus grand capitaine du monde ? Veut-on arracher des fondations de ce monument, les témoins de sa consécration spéciale ? Il le faudrait, pour ne pas être accusé dans l'avenir de n'avoir accordé, par un misérable système d'économie, qu'une seule couronne à deux triomphes.

Les proportions colossales de l'arc de l'Étoile ne conviennent aucunement à la représentation des événemens de juillet dernier. Les actions, leurs

nombreuses localités, les noms cités, les actes po-
litiques transcrits, doivent être vus d'un point qui
ne fasse rien perdre ni de leur ensemble ni de leurs
détails. Il n'est point ici question de perpétuer
le souvenir de conquêtes immenses, et de donner
au trophée d'énormes dimensions; il ne s'agit que
d'offrir un hommage à la noble résistance des
citoyens de Paris. Il faut que chacun d'eux puisse
lire son nom et celui de ses frères, gravé sur le
bronze glorieux. Il faut enfin, il faut de toute
nécessité que le monument soit érigé dans le sein
même de la ville héroïque.

Sous le titre d'*Essai sur quelques monumens
nationaux et d'utilité publique*, nous offrirons
quatre projets de monumens qui seront publiés
en quatre livraisons composées de quatorze planches gravées et lithographiées et de cent pages
environ de texte, grand in-folio, papier grand
raisin vélin.

La première partie, qui aura pour titre : *Obélisque national*, contiendra quatre planches et
trente pages environ de texte, qui donneront
la description et les plans d'un monument devant
être fondu en bronze, élevé sur l'ancien empla-
cement de la Bastille, et substitué au projet de
la fontaine de l'éléphant.

Ce monument sera commémoratif des 14 juillet 1789 et 27, 28, 29 juillet 1830. De la base au sommet, il présentera cent cinquante pieds d'élévation. Sur la première face du socle, sera gravée l'inscription votive :

LA NATION FRANÇAISE

RECONNAISSANTE

AUX BRAVES CITOYENS DE LA VILLE DE

PARIS,

DEUX FOIS VAINQUEURS

POUR LA LIBERTÉ

DANS LES JOURNÉES DES

14 JUILLET 1789

ET

27-28-29 JUILLET 1830.

Sur la seconde face du socle, sera représentée la prise de la Bastille en bas-relief, avec cette inscription :

PREMIÈRE RÉVOLUTION DE PARIS

ARMEMENT DES CITOYENS

PRISE DE LA BASTILLE

14 JUILLET 1789.

Sur la troisième face du socle sera représentée

l'attaque de l'Hôtel-de-Ville de Paris par les citoyens. Bas-relief de l'Hôtel-de-Ville, et scene du combat avec cette inscription :

DEUXIÈME RÉVOLUTION DE PARIS

DÉFENSE DES CITOYENS

CONTRE LA GARDE ROYALE

DE CHARLES X

LES 27-28-29 JUILLET 1830.

Sur la quatrième face du socle, sera transcrite en son entier la Charte constitutionnelle jurée par le roi des Français avec cette inscription :

CHARTE CONSTITUTIONNELLE

JURÉE PAR LOUIS PHILIPPE Ier

ROI DES FRANÇAIS

LE 9 AOUT 1830.

Le socle dont nous venons de donner l'idée est supporté par huit lions de proportion colossale. Sur cette première base, s'élève majestueusement l'obélisque surmonté d'une auréole, au centre de laquelle est figurée l'étoile de la Légion-d'Honneur. Aux quatre angles de la base de l'aiguille, sont posées quatre poupes de navire antique représentant une portion des armes de la ville de Paris, et sur lesquelles sont fixés des trophées de drapeaux. Sur chaque face de l'obélisque est posé un faisceau d'armes surmonté du coq gaulois.

Descendant ensuite au soubassement de l'édifice, on y trouve le stylobate circulaire qui a été construit pour supporter le colosse de l'éléphant. Ce stylobate, revêtu de marbre blanc, sert au développement des douze bas-reliefs et inscriptions dont voici quelques détails :

Inscription relative.

SOUS LES AUSPICES

DE LOUIS PHILIPPE Ier

ROI DES FRANÇAIS.

CE MONUMENT,

VOTÉ PAR LES DÉPUTÉS

DES DÉPARTEMENS DE LA FRANCE,

ASSEMBLÉS

LE   1830

A ÉTÉ ÉLEVÉ A LA GLOIRE DES HABITANS DE PARIS,

EN COMMÉMORATION DE LEURS HAUTS FAITS

DANS LES JOURNÉES DES 27-28-29 JUILLET 1830

POUR RECONQUÉRIR LES LIBERTÉS PUBLIQUES.

. . . .

. . . .

Sujet du deuxième bas-relief.

La garde-royale quitte l'École-Militaire pour attaquer les habitans de Paris.

Sujet du troisième bas-relief.

Les élèves de l'École-Polytechnique s'échappent de leur hôtel, et crient aux armes !

Sujet du quatrième bas-relief.

Les élèves de l'École de Droit se rassemblent sur la place du Panthéon, et crient vive la Charte ! aux armes !

Sujet du cinquième bas-relief.

Les élèves de l'École de Médecine prennent les armes, et se répandent dans la ville.

Sujet du sixième bas-relief.

Le palais de la Bourse devient le principal point de ralliement des habitans de Paris.

Sujet du septième bas-relief.

La garde-royale s'empare de la Porte-Saint-De-nis, et pénètre dans la ville.

Sujet du huitième bas-relief.

Troisième attaque de la garde-royale contre l'Hôtel-de-Ville et le pont d'Arcole.

Sujet du neuvième bas-relief.

Le Louvre, défendu par les Suisses, est attaqué et enlevé d'assaut.

Sujet du dixième bas-relief.

Réception du lieutenant-général du royaume à l'Hôtel-de-Ville, par le gouvernement provisoire.

Sujet du onzième bas-relief.

Réception des membres de la chambre des députés au Palais-Royal, par le lieutenant-général du royaume.

Sujet du douzième bas-relief.

Louis Philippe Ier, roi des Français, jure fidélité à la Charte constitutionnelle en présence des pairs et des députés de la France.

L'exposition ainsi faite des mémorables événemens de juillet avec les actes immédiats du gouvernement, nous paraît la plus digne de l'approbation générale, en ce qu'elle offre dans un tableau rapproché cette série de belles actions du peuple, que le peuple aimera chaque jour à revoir. Il importe que les noms des victimes et des héros des grandes journées ne puissent échapper aux regards. Ils seront inscrits sous chaque bas-relief, et parce que c'est un honneur qui leur appartient, et pour éterniser dans tous les cœurs l'amour de la patrie et de la liberté.

Le soubassement occupera la superficie du pont Saint-Antoine, formant aujourd'hui place publique. Il sera élevé de trois mètres à-peu-près. On y parviendra par quatre perrons de chacun vingt marches, qui conduiront à une aire de trois mètres de largeur, formant une galerie à balustrade sur laquelle on pourra circuler autour du monument. Aux quatre parties opposées aux perrons, seront établies quatre fontaines qui répandront l'eau sur la place.

Cette première livraison paraîtra du 1er au 5 décembre prochain.

La deuxième livraison traitera de l'*État actuel des théâtres, considérés sous le rapport de la sûreté et de la salubrité publique.*

Nous nous proposons seulement ici d'examiner les moyens nouveaux qui pourraient être employés le plus efficacement contre l'incendie des théâtres. Nous croyons avoir atteint le but le plus désirable à l'aide de quelques changemens dans une partie des constructions déjà existantes. Dans la supposition de ces changemens, l'incendie d'un théâtre peut être infailliblement arrêté dans un court espace de temps et par un très petit nombre d'hommes. Cette livraison contiendra quatre planches et trente pages environ de texte; elle paraîtra fin janvier prochain.

La troisième livraison, composée de quatre planches de vingt pages environ de texte, offrira la description du *Palais projeté de l'industrie.* Sa destination quatriennale, ainsi que ses moyens d'utilité permanens, y seront traités en détail, et avec tout l'intérêt que mérite leur importance. Cette livraison paraîtra fin février prochain.

La quatrième livraison, ayant pour titre : *Projet d'élévation de l'hôtel de la Douane et de l'Entrepôt,* comprendra la description de cet édifice, éminemment d'utilité publique; elle sera composée de trois planches et de vingt pages environ de texte. Une quatrième planche offrira le plan et la perspective du Palais de l'Industrie et de l'hôtel de la Douane, dans leur situation locale, parallèle et symétrique. Cette livraison paraîtra fin mars prochain.

Le prix de chaque livraison est de 10 francs. On souscrit sans rien payer d'avance.

————

Chez LADVOCAT, libraire de S. A. R. Monseigneur le duc d'Orléans, quai Malaquais.

DELAUNAY, libraire de la reine, galerie d'Orléans, Palais-Royal.

BARBA, libraire, grande-cour du Palais-Royal.

BANCE, marchand d'estampes, rue Saint-Denis, n° 240.

PARIS. — IMPRIMERIE DE GAULTIER-LAGUIONIE, rue de Grenelle-St-Honoré, n. 55.

www.ingramcontent.com/pod-product-compliance
Lightning Source LLC
Chambersburg PA
CBHW051434060726
47596CB00006B/2482